Dieses Buch gehört

Liebe Eltern,

wir wollen Ihr Kind beim Lesenlernen unterstützen, und zwar mit spannenden und lustigen Geschichten.

Unsere Bücher mit der liebenswerten Bildermaus begleiten Ihren Sohn oder Ihre Tochter durch die Vorschule. Sie enthalten kurze Geschichten mit einfachen Sätzen sowie großer und leicht lesbarer Schrift. Hauptwörter werden durch kleine Bilder ersetzt. Lesen Sie die Geschichten vor und lassen Sie Ihr Kind die Bilder selbst benennen. Am Ende finden Sie eine Bild-Wörterliste mit den einzelnen Bedeutungen. Viele bunte Illustrationen sorgen außerdem für Lesepausen und helfen, die Geschichte zu verstehen.

So wird der Spaß am Lesen geweckt, und Ihr Kind wird ganz nebenbei von der Bildermaus zum echten Leselöwen!

Ihre
Bildermaus

Anna Taube

Prinzessinnen-
geschichten

Illustriert von Naeko Ishida

www.bildermaus.de

FSC
www.fsc.org
MIX
Papier aus ver-
antwortungsvollen
Quellen
FSC® C015559

ISBN 978-3-7855-8606-8
1. Auflage 2018
© 2018 Loewe Verlag GmbH, Bindlach
Umschlag- und Innenillustrationen: Naeko Ishida
Umschlaggestaltung: Ramona Karl
Vignetten Bildermaus: Angelika Stubner
Reihenlogo nach einem Entwurf von Angelika Stubner
Printed in Poland

www.loewe-verlag.de

Inhalt

Ein Zoo im Schloss

Draußen ist es still und kalt. Aber

im  ist der  los. Leopold,

der , hat auf der .

Diesmal ist  Viktoria zu weit

gegangen. Lauter , ,

sogar  und  turnen in

ihrem  umher!

8

Natürlich hat die  auch

die  Samira und das

Sansa aus dem  in ihr

geholt. Und die  Kiki und

Kuki sitzen oben auf der  .

Kiki krächzt: „  …" „… kalt!",

ergänzt Kuki frech. „Leopold, bring

mir bitte die ", ruft Viktoria.

Das auf ihren schleckt

ihr übers . Da wird die

aufgerissen. Die ist da!

10

„Was ist denn hier los?", ruft sie.

„Bringt die  sofort zurück in

den  !" Die  plustern

sich auf. „ …", krächzt Kiki.

„… kalt", ruft Kuki. Viktoria steht auf.

„Im  ist es zu kalt", sagt sie.

„Die  Samira ist schon krank."

Die  blickt den  an.

Leopold nickt und zeigt auf die

kranke . „Rrrroo", schnurrt

das  und tapst auf die

zu. Da lächelt die .

„Na gut", sagt sie. „Die  dürfen

im  überwintern … Aber

wo feiern wir dann ?",

überlegt sie. Im  fühlen sich

die pudelwohl. Und

feiern einfach alle zusammen.

Heimliche Freunde

Die  scheint. Sofia kommt aus

dem . Die will auf

ihrem Fabia ausreiten. Vor

dem steht Luis, der .

Er hält Fabia am . Neben

ihm thront Otto von Radebrech

bereits auf seinem .

Er darf im  viel bestimmen.

Sein ⚜️ glänzt in der ☀️ .

„He du, 🧒, hilf der 👸 auf

ihr 🐴 !", ruft er. Am liebsten

hätte 👸 Sofia gesagt: „Seien

Sie nicht so gemein zu Luis!"

Sofia kann Luis nämlich gut leiden.

Aber das darf niemand im

wissen! Also sagt sie leise zu Luis:

„So ein doofer  mit !"

Luis hilft der  auf das

und zwinkert ihr zu.

Sofia treibt ihr  an. „Nicht zu

schnell, ", mahnt Radebrech.

„Doofer  mit ", denkt

Sofia und lacht. Plötzlich wird sie

von einem überholt. Fabia

erschrickt!

Sie rennt dem  hinterher!

„Schneller, !", ruft der .

Es ist Luis! „Na warte, dich kriege

ich!", ruft Sofia. „Anhalten!", ruft

Radebrech. Sofia saust der

um die  !

Ha! Sie hat den  eingeholt!

„Pass auf, ein  !", schreit Luis.

Die  greift fest in die  .

Fabia springt. Und Sofia rutscht

aus dem 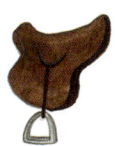 ! Dieses blöde  !

Sie landet im  .

Oje. Ihr  ist nass und schmutzig.

Die  sind zerzaust und die

zerbeult. Sofia schnieft. Luis

springt ab und hilft ihr auf. „Du bist

die schnellste  der  ", sagt

er und grinst über beide .

Jetzt kommt auch Radebrech an.

„Was wird die  sagen?",

schimpft er. Da hebt die

den  und sagt: „Die  wird

sehr stolz sein. Denn ich bin die

schnellste  der 🌍."

Eine süße Überraschung

Ella steht auf der  vorm .

Die  ist aufgeregt. Gleich

kommt  Karolin! Da ist schon

ihre ! Die  schnauben

und halten vor der . Karolin

steigt aus. „Ella!", ruft sie und fällt

der  um den .

Ella strahlt. „Komm schnell!

Ich muss dir unbedingt etwas

zeigen!" Sie zieht Karo an der

hinter sich her ins  . „Ein

im  ?", wundert sich Karo, als

sie durch die  laufen.

Das  spritzt fast bis zur  !

Ella kichert. „Siehst du den

mit der goldenen ⬤ ganz oben?"

Karo nickt. Schon zieht Ella sie mit

in den  . „Da sind ja tausend

kleine 🖼️ !", ruft Karo begeistert.

24

Sie dreht sich im , dass ihr

hochfliegt. Aber den  will Ella

auch nicht zeigen. Ab in den  !

Karo staunt: „So viele goldene  !"

Ella zieht Karo durch einen

mit weichem  ins  .

Da steht eine ! „Schau mal!",

flüstert Ella Karo zu. Oh! In

der  liegt ein kleines . „Das

ist  Joris", flüstert Ella stolz.

„Mein kleiner ."

Karo streicht Joris über den .

Sie lächelt Ella an und sagt: „Du

hast recht, der kleine  ist toller

als alle  und  im

ganzen !"

Prinzessin Naschkatze

Mit klopfendem  fährt

Rosa auf. Da war doch was! Ist

da ein  im  ? Der

scheint durchs  . Aber das

sieht Rosa nicht. Da ist es wieder:

Der  knarzt und jemand

kichert leise!

Scheint ja ein albernes  zu

sein ... Rosa hüpft aus dem .

Wo ist Martha, die ? Sie

müsste ihr doch die  bringen!

Dann geht sie eben ohne .

Auf 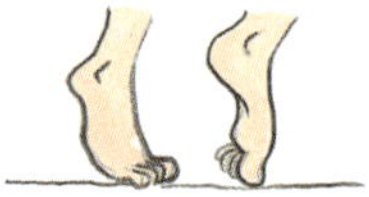  schleicht die

aus dem  immer dem

kichernden  hinterher.

Im  leuchten  und werfen

unheimliche  an die .

Die  erschrickt. Jetzt

knuspert es! Was macht das

nur? Vor dem  des

bleibt die  stehen! Spukt

das  etwa da drin? Na warte!

Furchtlos stößt  Rosa die

zum  auf. Jemand kreischt

auf. Das kam vom ! Mit

großen  läuft  Rosa

zum . „Hab ich dich!", schreit

sie. Aber da ist kein !

Hinter dem  hocken ihre

große , die  Violetta,

und Martha, die . „Was

macht ihr denn hier?", wundert

sich  Rosa. Da sieht sie es:

Violetta und Martha naschen

heimlich die  des  !

„Wenn Papa das rauskriegt", sagt

Rosa und schüttelt den  . „Du

hast doch schon die 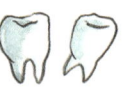 geputzt."

Violetta grinst und schiebt

Rosa einfach eine  in

den . Ist die gut! Genüsslich

schließt Rosa die  und lächelt.

Dunkle ,  und mittendrin

eine zuckersüße !

Die  sehen sich an

und kichern. „Und jetzt

aufräumen,  putzen und husch,

husch ins !", ruft Martha und

scheucht die kichernden  vor

sich her. Die beiden verschwinden

in ihren  . Kurz

darauf ist es im  wieder still.

Der  hat nichts gemerkt!

Die Wörter zu den Bildern:

 Schloss

 Antilopen

 Teufel

 Affen

 Tierpfleger

 Kinderzimmer

 Schweißtropfen

 Löwin

 Stirn

 Löwenbaby

 Prinzessin

 Schlossgarten

 Zebras

 Papageien

 Giraffen

 Gardinenstange

 Schweine

 Sonne

 Milchflasche

 Pferd

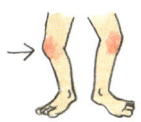 Knie

 Stall

 Gesicht

 Stalljunge

 Tür

 Zügel

 Königin

 Orden

 Tiere

 Hampelmann

 Ballsaal

 Reiter

 Weihnachten

 Wind

 Ohren

 Kutsche

 Bach

 Hals

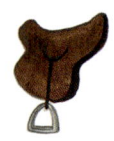 Sattel

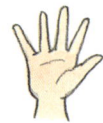 Hand

 Kleid

 Springbrunnen

 Haare

 Eingangshalle

 Krone

 Wasser

 Welt

 Decke

 Kopf

 Froschkönig

 Treppe

 Kugel

 Spiegel

 Bruder

 Kreis

 Herz

 Thronsaal

 Gespenst

 Säulen

 Mond

 Gang

 Fenster

 Teppich

 Fußboden

 Wiege

 Bett

 Baby

 Kammerzofe

 Prinz

 Pantoffeln

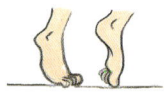 Zehenspitzen

 Schokopralinen

 Kerzen

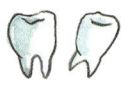 Zähne

 Schatten

 Mund

 Wände

 Augen

 Arbeitszimmer

 Schokolade

 König

 Sahne

 Schreibtisch

 Kirsche

 Schritte

 Schwester

Anna Taube studierte Literatur an der Universität Hildesheim und arbeitet als freie Autorin und Übersetzerin. Sie wohnt mit ihrer Familie im idyllischen Bad Rodach in Oberfranken.

Naeko Ishida wurde in Japan geboren, kam mit drei Jahren nach Deutschland und studierte später an der Fachhochschule Münster Illustration. Sie arbeitet als freischaffende Illustratorin im Kinder-, Jugend- und Schulbuchbereich.

Noch mehr Lesespaß!

ISBN 978-3-7855-8577-1

ISBN 978-3-7855-8576-4

ISBN 978-3-7855-7432-4

ISBN 978-3-7855-8116-2

Leselöwen 1. Klasse

ISBN 978-3-7855-8704-1

ISBN 978-3-7855-8616-7

ISBN 978-3-7855-8575-7

ISBN 978-3-7855-8600-6